www.ingramcontent.com/pod-product-compliance
Lightning Source LLC
LaVergne TN
LVHW010420070526
838199LV00064B/5366
* 9 7 8 9 3 5 8 7 2 5 8 8 9 *

حدیث قدسی: تعارف و تفہیم

(مضامین)

مفتی عتیق الرحمن شہید

© Taemeer Publications LLC

Hadees Qudsi - Taaruf o Tafheem

by: Mufti Ateequr Rahman Shaheed

Edition: June '2024

Publisher :

Taemeer Publications LLC (Michigan, USA / Hyderabad, India)

ISBN 978-93-5872-588-9

مصنف یا ناشر کی پیشگی اجازت کے بغیر اس کتاب کا کوئی بھی حصہ کسی بھی شکل میں بشمول ویب سائٹ پر اَپ لوڈنگ کے لیے استعمال نہ کیا جائے۔ نیز اس کتاب پر کسی بھی قسم کے تنازع کو نمٹانے کا اختیار صرف حیدرآباد (تلنگانہ) کی عدلیہ کو ہو گا۔

© تعمیر پبلی کیشنز

کتاب	:	**حدیث قدسی : تعارف و تفہیم**
مصنف	:	**مفتی عتیق الرحمن شہید**
جمع و ترتیب / تدوین	:	اعجاز عبید
صنف	:	مذہب
ناشر	:	تعمیر پبلی کیشنز (حیدرآباد، انڈیا)
سالِ اشاعت	:	۲۰۲۴ء
صفحات	:	۳۶
سرورق ڈیزائن	:	تعمیر ویب ڈیزائن

فہرست

حدیث قدسی: تعریف	6
احادیث قدسیہ کے مصادر اور کتب	13
احادیث قدسیہ کے مضامین	17
کچھ احادیث قدسی	21

بِسمِ اللّٰہِ الرَّحمٰنِ الرَّحِیمَ

حدیث قدسی: تعریف

حدیث قدسی احادیث طیبہ کی ایک خاص قسم ہے جو نبی کریم صلی اللہ علیہ وسلم سے اس طرح روایت کی جاتی ہے کہ آپ صلی اللہ علیہ وسلم اسے براہ راست اللہ رب العزت کی طرف منسوب کر کے بیان فرماتے ہیں۔ اور یہ نسبت الٰہیہ ان احادیث طیبہ میں ایک خاص قسم کا تقدس پیدا کر دیتی ہے جس کی وجہ سے یہ احادیث "احادیث قدسیہ" کہلاتی ہیں۔ انہیں احادیث الٰہیہ یا احادیث ربانیہ بھی کہا جاتا ہے۔

حدیث قدسی کی متقدمین و متاخرین علماء نے اپنے اپنے دور میں مختلف تعریفات بیان فرمائی ہیں۔ متقدمین علماء میں سید علی جرجانی رحمۃ اللہ علیہ (متوفی ۸۱۶ھ) نے اپنی مشہور زمانہ تصنیف "کتاب التعریفات" میں حدیث قدسی کی تعریف کرتے ہوئے لکھا ہے:۔

"حدیث قدسی معنی کے لحاظ سے اللہ رب العزت کی طرف سے اور الفاظ کے لحاظ سے رسول اللہ صلی اللہ علیہ وسلم کی طرف سے ہوتی ہے۔ پس یہ وہ کلام ہے جسے اللہ تعالیٰ اپنے نبی علیہ السلام کو الہام یا خواب کے ذریعے بتائیں۔ پھر آپ صلی

اللہ علیہ وسلم اپنے الفاظ میں اسے بیان فرمائیں۔ قرآن کریم کی فضیلت اس کے مقابلے میں اپنی جگہ پر مسلم ہے۔ اس لئے کہ اس کے الفاظ بھی اللہ تعالیٰ کے نازل کردہ ہوتے ہیں۔"

(کتاب التعریفات صفحہ ۸۳-۸۴)

علماء متاخرین میں سے احناف کے مایہ ناز محدث اور فقیہ ملا علی القاری رحمۃ اللہ اپنی تالیف "الاحادیث القدسیۃ الاربعینیۃ" کے مقدمہ میں فرماتے ہیں:

"حدیث قدسی وہ ہے جسے صدر الروایات وبدر الثقات صلی اللہ علیہ وسلم اللہ تعالیٰ سے روایت کریں۔ کبھی جبرائیل علیہ السلام کے واسطہ سے اور کبھی وحی، الہام یا خواب کے ذریعہ۔ اس کی تعبیر آپ ﷺ کی مرضی پر منحصر ہوتی تھی، جن الفاظ سے چاہیں تعبیر فرمادیں۔ وہ قرآن مجید اور فرقان حمید سے متغیر ہوتی ہے۔ قرآن کریم روح الامین کے واسطہ کے بغیر نازل نہیں ہوتا اور انہی متعین الفاظ کے ساتھ نقل کیا جاتا ہے جو لوح محفوظ سے نازل کئے گئے اور ہر طبقہ اور زمانہ میں متواتر منقول ہوتا ہے"۔

چنانچہ اس سے علماء کرام نے بہت سے فرعی احکام مستنبط کئے ہیں کہ "احادیث قدسیہ کی قرات سے نماز صحیح نہیں ہوتی۔ جنبی حائض اور نفساء کے لئے احادیث قدسیہ کا چھونا حرام نہیں ہے۔ ان کا منکر کافر بھی نہیں ہے اور نہ ہی ان سے اعجاز متعلق ہے۔" (الاحادیث القدسیہ الاربعینیہ صفحہ ۲)

علاوہ ازیں حسین بن محمد الطیبی (م۔ ۷۴۳ھ) شارح مشکوۃ۔ محمد بن یوسف الکرمانی (م۔ ۷۸۶ھ) شارح البخاری۔ ابن حجر الہیثمی (م۔ ۹۷۴ھ)۔ شارح

الاربعین النوویہ اور محمد بن علان الصدیقی الشافعی (م۔۱۰۵۷ھ)۔ شارح ریاض الصالحین وغیرہ نے بھی احادیث قدسیہ کے بارے میں اس سے ملتی جلتی آراء کا اظہار کیا ہے جس کی تفصیل مندرجہ ذیل کتب میں دیکھی جاسکتی ہے:

۱۔ الاحادیث القدسیۃ (المجلس الاعلیٰ للشؤن الاسلامیۃ) صفحہ ۵-۶-۷ ج ۱۔

۲۔ دلیل الفالحین (محمد بن علان الصدیقی الشافعی) صفحہ ۷۴۔۲۰۱ ج ۱۔

۳۔ الاحادیث القدسیۃ ومنزلتھا فی التشریع صفحہ ۲۸ (الدکتور شعبان محمد اسماعیل)۔

متقدمین ومتاخرین علماء کی آراء اور وضاحتوں کے پیش نظر حدیث قدسی کے معنی کی وضاحت کے لئے مندرجہ ذیل چار امور پیش نظر رہنے چاہئیں:

احادیث قدسی اور عام حدیث نبوی میں فرق

عام حدیث نبوی کی سند رسول اللہ صلی اللہ علیہ وسلم پر ختم ہو جاتی ہے جبکہ حدیث قدسی کی سند اللہ جل شانہ تک پہنچتی ہے اور عموماً متکلم کی ضمیر استعمال ہوتی ہے۔ جیسے تحریم ظلم کی حدیث:

یاعبادی انی حرمت الظلم علی نفسی وجعلتہ بینکم محرما فلا تظالموا۔

لیکن اس سے عام حدیث نبوی کے منجانب اللہ ہونے کی نفی لازم نہیں آتی۔ اس لئے کہ آپ صلی اللہ علیہ وسلم کا ہر کلام اللہ تعالیٰ ہی کی طرف سے ہوتا ہے۔ قرآن کریم میں ارشاد باری تعالیٰ ہے: وما ینطق عن الھویٰ o ان ھو الا وحی یوحیٰ o

"وہ (نبی) اپنی خواہش سے نہیں بولتے بلکہ وہ جو کچھ بھی کہتے ہیں اللہ کی طرف سے وحی کیا ہوا ہوتا ہے۔"

۲۔ حدیث قدسی اور قرآن کریم کے درمیان فرق

قرآن کریم ہر دور میں تواتر قطعی کے ساتھ منقول ہوتا چلا آیا ہے جبکہ احادیث قدسیہ روایت آحاد کے ساتھ منقول و مروی ہوتی ہیں۔ احادیث قدسیہ پر روایت حدیث کے تمام قواعد وضوابط کا اجراء ہوتا ہے اور انہیں صحیح، حسن، ضعیف بلکہ موضوع تک قرار دیا جا سکتا ہے جبکہ قرآن کریم پر یہ اصطلاحات چسپاں نہیں کی جاسکتیں۔ قرآن کریم کو آیتوں اور سورتوں میں تقسیم کیا گیا ہے۔ اس کی روایت بالمعنیٰ جائز نہیں ہے۔ اس کے ہر حرف پر دس نیکیاں ملتی ہیں۔ اس کے حافظ کو جنت میں آیات قرآنیہ کے برابر درجات ملیں گے۔ حافظ قرآن کے والد کو سورج سے زیادہ روشن اور چمکدار تاج پہنایا جائے گا۔ اللہ تعالیٰ نے قرآن کریم میں کسی بھی قسم کے تغیر و تبدل سے حفاظت کی ذمہ داری لی ہے۔ قرات قرآن کریم کے بغیر نماز ادا نہیں ہوسکتی جبکہ احادیث قدسیہ کے لئے ان میں سے کوئی بات بھی ثابت نہیں ہے۔

۳۔ احادیث قدسیہ کے الفاظ و معانی کے بارے میں علماء کرام کی دو رائے ہیں

(الف) الفاظ و معانی دونوں اللہ رب العزت کی طرف سے ہیں کیونکہ ان کے الفاظ اللہ رب العزت کی طرف منسوب کر کے نقل کئے جاتے ہیں۔ ان کے نام میں "قدسیہ"، "الٰہیہ" یا "ربانیہ" کا اضافہ اور متکلم کا صیغہ بھی اسی کی طرف مشیر ہے۔

(ب) معنی تو اللہ تعالیٰ کی طرف سے ہیں مگر الفاظ اور تعبیر رسول اکرم صلی اللہ علیہ وسلم کی ہے۔ اسی وجہ سے احادیث قدسیہ کے الفاظ سے اعجاز متعلق نہیں ہیں اور ان کی روایت میں بھی اختلاف کی گنجائش ہے۔ اس میں روایت بالمعنٰی بھی جائز ہے۔

خلاصہ کی بات یہ ہے کہ حدیث قدسی کے الفاظ کو تواتر کا مقام حاصل نہیں ہے اور نہ ہی اس کے الفاظ میں اعجاز ہے اور نہ ہی اس کے تغیر و تبدل سے حفاظت کی ربانی ذمہ داری ہے۔ لہٰذا اس کے الفاظ اگر اللہ تعالیٰ کی طرف سے وحی یا الہام یا خواب کے ذریعہ تسلیم کر لئے جائیں تب بھی "الفاظ قرآنیہ" کا امتیاز اپنی جگہ برقرار رہتا ہے۔

۴۔ حدیث قدسی کی روایت کی دو صورتیں علماء کرام نے بیان فرمائی ہیں

(الف) پہلی صورت جسے افضل ترین صورت قرار دیا گیا ہے اور وہ یہ کہ حدیث قدسی کا راوی اسے ان الفاظ سے نقل کرے: یقول النبی صلی اللہ علیہ وسلم

فیمایرویہ عن ربہ عزوجل (نبی کریم صلی اللہ علیہ وسلم اللہ تعالیٰ سے روایت کرتے ہوئے فرماتے ہیں)۔

(ب) دوسری صورت یہ ہے کہ راوی یوں کہے: قال اللہ تعالیٰ فیمارواہ عنہ رسول اللہ صلی اللہ علیہ وسلم (اللہ تعالیٰ نے فرمایاجو کہ رسول اللہ ﷺ نے ان سے روایت کیا)۔

لیکن ذخیرۂ حدیث میں غور کیا جائے تو ان دو صورتوں کے علاوہ کچھ مزید صورتیں بھی ملتی ہیں:

(الف) حدیث قدسی کے شروع میں یہ الفاظ ہوں: قال رسول اللہ صلی اللہ علیہ وسلم قال اللہ تعالیٰ (رسول اللہ ﷺ نے فرمایا کہ اللہ تعالیٰ نے ارشاد فرمایا) پھر اس کے بعد حدیث مذکور ہو اور یہ تعبیر آپ کو اکثر احادیث قدسیہ کی روایت میں ملے گی۔

(ب) حدیث شریف میں اللہ تعالیٰ کا کلام "قول" کے علاوہ کسی دوسرے لفظ سے تعبیر کر کے ذکر کیا جائے۔ جیسا کہ مسلم شریف کی حدیث میں ہے "لما قضی اللہ الخلق کتب فی کتابہ علی نفسہ فہو موضوع عندہ: ان رحمتی تغلب غضبی"۔ عبارت کا متکلم کے صیغہ سے مذکور ہونا قطعی دلیل ہے اللہ تعالیٰ کا کلام ہونے کی۔

(ج) حدیث اول سے آخر تک قدسی نہ ہو بلکہ اس کا کوئی جزء اللہ تعالیٰ کی طرف منسوب ہو رہا ہو۔ جیسا کہ نسائی کی روایت میں ہے: یعجب ربک من راعی غنم فی راس شظیۃ الجبل یؤذن بالصلوۃ ویصلی فیقول اللہ عزوجل: انظروا الی عبدی ھذا.... الحدیث

(د) حدیث قدسی کا ٹکڑا پوری حدیث کے ضمن میں مذکور ہو لیکن صراحۃً اللہ تعالیٰ کی طرف منسوب نہ ہو بلکہ سیاق وسباق سے اس کی نسبت سمجھ میں آتی ہو۔ جیسا کہ مسلم شریف کی حدیث میں ہے: "قال صلی اللہ علیہ وسلم تفتح ابواب الجنۃ یوم الاثنین ویوم الخمیس فیغفر لکل عبد لا یشرک باللہ شیئا الا رجلا کانت بینہ وبین اخیہ شحناء فیقال: انظروا ھذین حتی یصطلحا"۔ اس حدیث شریف میں "یقال" کے مجہول صیغہ کے باوجود سیاق کلام اس بات پر دلالت کرتا ہے کہ یہ اللہ تعالیٰ کا قول ہے اور اس کی تائید "فیغفر" کے مجہول صیغہ سے بھی ہوتی ہے کیونکہ مغفرت اللہ تعالیٰ کے سوا کوئی دوسرا نہیں کرسکتا۔

مذکورہ بالا تمام صورتیں اللہ تعالیٰ کی طرف نسبت کے موجود ہونے کی بناء پر "وصف قدسیہ" کے ساتھ متصف ہوں گی۔

احادیث قدسیہ کے مصادر اور کتب

جب عمومی طور پر احادیث نبویہ کی جمع و تدوین اور تحقیق و تبویب کا کام شروع ہوا تو احادیث قدسیہ کو بھی اس میں سے وافر حصہ ملا اور محدثین کرام نے خصوصی توجہ اور اہتمام سے ذخیرہ حدیث کی مستند و معتمد کتب میں احادیث قدسیہ کو بھی شامل فرمایا۔ تدوین حدیث کے ابتدائی دور میں احادیث قدسیہ کے لئے اگرچہ مستقل کتب تصنیف نہیں کی گئیں اور عام کتب احادیث میں انہیں کوئی امتیازی مقام بھی نہیں دیا گیا تاہم مضامین و ابواب کی مناسبت سے انہیں کتب حدیث میں شامل کیا گیا ہے اور ان کا امتیاز ان کی روایت کے وہ مخصوص صیغے ہی ہوا کرتے تھے جن کا ہم اس سے پہلی بحث میں تذکرہ کر چکے ہیں۔ لہٰذا ہم یہ کہہ سکتے ہیں کے احادیث قدسیہ کے لئے عام کتب حدیث ہی مصادر و مراجع کا درجہ رکھتی ہیں۔ البتہ بعد کے ادوار میں اس موضوع پر مستقل تصنیفات مرتب کی گئی ہیں جن کا تذکرہ ہم ذیل میں کر رہے ہیں:

۱۔ مشکوۃ الانوار فیما روی عن اللہ سبحانہ من الاخبار مؤلف: شیخ محی الدین بن العربی (المتوفی۔۶۳۸ھ)۔

یہ کتاب ایک سو احادیث قدسیہ پر مشتمل ہے اور ۱۳۴۶ھ بمطابق ۱۹۲۷ء

میں حلب سے شائع ہوئی۔ معلوم ہوتا ہے کہ ابن حجر الہیثمی نے اپنی کتاب میں اسی کی طرف اشارہ کیا ہے:

"احادیث قدسیہ سو (۱۰۰) سے زائد ہیں۔ جنہیں بعض علماء نے ایک جزء کبیر میں جمع کیا ہے" (الفتح المبین صفحہ ۲۰۱)

۲۔ (جمع الجوامع / جامع کبیر) اور جامع صغیر میں مذکور احادیث قدسیہ۔ مؤلف: الامام العلام جلال الدین السیوطی رحمہ اللہ (م۔۹۱۱ھ)۔ یہ احادیث قدسیہ کی مستقل کتاب نہیں ہے لیکن مؤلف رحمہ اللہ نے حروف تہجی کی رعایت سے اس کتاب میں احادیث کو جمع کیا ہے اس لئے احادیث قدسی کے ذکر میں ایک "امتیاز" پیدا ہو گیا ہے اور "قال اللہ تعالیٰ" کے عنوان کے تحت احادیث قدسیہ کی ایک معتد بہ تعداد یکجا ذکر کر دی گئی ہے۔ چنانچہ جمع الجوامع میں ایک سو تینتیس (۱۳۳) اور جامع صغیر میں چھیاسٹھ (٦٦) احادیث قدسیہ مذکور ہیں۔

۳۔ الاحادیث القدسیۃ الاربعینیۃ مؤلف: ملا علی القاری الفقیہ المحدث الحنفی (م۔۱۰۱٦ھ)

جیسا کہ عنوان سے ظاہر ہے اس کتاب میں چالیس احادیث قدسیہ مذکور ہیں جنہیں مؤلف علیہ الرحمۃ نے ذخیرۂ حدیث سے منتخب کیا ہے۔ یہ کتاب ترکی کے شہر آستانہ سے ۱۳۱٦ھ بمطابق ۱۸۹۸ء میں طبع ہوئی اور پھر شام کے شہر حلب سے ۱۳۴٦ھ بمطابق ۱۹۲۷ء میں دوبارہ شائع ہوئی۔

۴۔ الاتحاف السنیۃ بالاحادیث القدسیۃ۔ مؤلف: الشیخ عبد الرؤف المناوی (المتوفی ۱۰۳۱ھ)۔

یہ کتاب دوسو بہتر (۲۷۲) احادیث قدسیہ پر مشتمل ہے جو کہ حروف تہجی کی ترتیب سے مذکور ہیں اور قاہرہ سے متعدد بار شائع ہو چکی ہے۔

۵۔ الاتحاف السنیۃ فی الاحادیث القدسیۃ۔ مؤلف: محمد محمود طربزونی المدنی الفقیہ الحنفی (متوفی ۱۲۰۰ھ بمطابق ۱۷۹۵م)

"فی" اور "ب" کے معمولی فرق کے علاوہ نام میں شیخ مناوی صاحب کی کتاب کے ہم نام ہے لیکن ایک مستقل اور وقیع کتاب ہے جس کی تالیف میں مؤلف علیہ الرحمۃ نے دوسری کتب حدیث کے علاوہ علامہ سیوطی اور علامہ مناوی رحمہ اللہ کے مجموعوں سے بھرپور نقل واستفادہ کیا ہے اور صاحب کتاب کو احادیث قدسیہ کا جس قدر ذخیرہ مل سکا اسے اپنے مجموعہ میں شامل کرنے میں بخل سے کام نہیں لیا۔ انتخاب و نقل میں مؤلف کی رواداری اور وسعت کا یہ عالم ہے کہ ضعیف روایات تو درکنار بہت سی موضوع روایتیں بھی نقل کر دی ہیں۔ لیکن علمی دیانت کے پیش نظر مؤلف نے ان پر تنبیہ ضرور کر دی ہے۔

اس تالیف میں آٹھ سو تریسٹھ (۸۶۳) احادیث قدسیہ موجود ہیں جبکہ مؤلف علیہ الرحمۃ کے خیال کے مطابق تلاش و جستجو سے مزید تعداد جمع کی جاسکتی ہے۔ یہ مجموعہ حیدرآباد دکن سے دو مرتبہ (۱۳۲۳ھ بمطابق ۱۹۰۵م اور ۱۳۵۸ بمطابق ۱۹۳۹م میں) شائع ہو چکا ہے اور مصر سے ۱۳۸۷ھ بمطابق ۱۹۷۶م میں طبع ہوا۔

۶۔ الاحادیث القدسیۃ: مصر کی مجلس اعلیٰ برائے مذہبی امور کے ذیلی شعبہ لجنۃ القرآن والحدیث نے دو اجزاء پر مشتمل یہ مجموعہ تالیف کیا جس میں صحاح ستہ اور

مؤطا امام مالک میں موجود احادیث قدسیہ شامل کی گئیں ہیں۔ یہ چار سو (۴۰۰) احادیث قدسیہ پر مشتمل ہے جس میں ایک حدیث کی مختلف روایات کو بھی مستقل حدیث شمار کیا گیا ہے اور آج تک زیور طبع سے آراستہ ہونے والے "مجموعات قدسیہ" میں ایک انتہائی منضبط، وسیع اور قابل قدر مجموعہ ہے لیکن اگر مسند احمد اور باقی کتب حدیث سے بھی احادیث قدسیہ کا انتخاب اس میں شامل کر لیا جاتا تو اس مجموعہ کی جامعیت اور افادیت دوبالا ہو جاتی۔

احادیث قدسیہ کے مضامین

عام احادیث نبویہ کے مقابلہ میں احادیث قدسیہ کی تعداد بہت کم ہے۔ اسی وجہ سے ان میں بیان شدہ مضامین بھی کم ہیں۔ البتہ "قول ربانی" ہونے کی بناء پر ان احادیث کا مخصوص دائرہ کار اور منفرد چھاپ ہے۔ احادیث قدسیہ میں غور و خوض سے مندرجہ ذیل عنوانات کے تحت ان میں بیان شدہ مضامین کا خلاصہ نکالا جا سکتا ہے:

۱۔ عقیدۂ توحید کی پختگی: ایک مخصوص انداز میں عقیدۂ توحید کی اصلاح اور اس میں پختگی کا درس دیا جاتا ہے۔ کفر و شرک سے علیحدگی اور دوری کی تعلیم ہوتی ہے۔ شکوک و شبہات سے پاک کیا جاتا ہے۔ خالق کائنات کی عظمت و جلال اور صفات الٰہیہ کی انفرادیت اور کمال کا بیان ہوتا ہے اور صدق دل اور خلوص نیت کے ساتھ یکسو ہو کر متوجہ الی اللہ ہونے پر برانگیختہ کیا جاتا ہے۔

۲۔ عبادات میں حسن و خوبصورتی پیدا کرنا: فرض اور نفل عبادات۔ نماز، روزہ، حج، زکوۃ ذکر و نوافل کو پورے اخلاص اور یکسوئی کے ساتھ ثواب کی نیت سے ادائیگی کی ترغیب دی جاتی ہے۔

۳۔ اخلاق و کردار کی بلندی: اچھی صفات، نیکی کا جذبہ، صلہ رحمی، خدمت خلق، صالحین کی محبت، امر بالمعروف اور نہی عن المنکر کی خوبیاں بیان کر کے ان

اعمال کا شوق وجذبہ ابھارا جاتا ہے۔

۴۔ فنا فی اللہ : رضاء بالقضاء، دربار خداوندی میں حاضری کا شوق، اپنے خالق و مالک کی رضامندی کے حصول اور اطاعت شعاری میں جان ومال لٹا دینے کا جذبہ پیدا کیا جاتا ہے۔

۵۔ آخرت کی تیاری : قیامت کے دن کی جزاوسزا کے استحضار کے ساتھ توبہ واستغفار کے اہتمام، خوف ورجاء کی کیفیت، اعمال صالحہ کے ذریعے قرب خداوندی اور حصول شفاعت کی کوشش اور رحیم وکریم ذات کی وسیع ولامتناہی رحمتوں پر کامل اعتماد کے ساتھ آخرت کی تیاری اور اس کا شوق وجذبہ بیدار کیا جاتا ہے۔

خلاصہ کی بات یہ ہے کہ احادیث قدسیہ الوہیت وعبودیت کے معنی میں نکھار پیدا کرتی ہیں۔ اچھی اقدار کی گہرائی وگیرائی کو واضح کرتی ہیں۔ عقائد، عبادات اور اخلاقیات کے دائرہ کار سے نکل کر فقہی مسائل واحکام اور معاملات میں دخل انداز نہیں ہوتیں۔

احادیث قدسیہ کا اپنا منفرد اسلوب ہے جو ان کے موضوع ومضمون کے ساتھ انتہائی مناسبت رکھتا ہے۔ براہ راست گفتگو کا انداز اپنایا گیا ہے۔ جس میں اللہ تعالیٰ کی طرف سے بندوں کے لئے ایک "مقدس پکار" ہوتی ہے یا آقا اور غلام کے درمیان سرگوشی کا پیار بھرا انداز ہوتا ہے۔ غرضیکہ ایسا انداز اختیار کیا جاتا ہے جس سے خالق ومخلوق، عابد ومعبود اور بندے اور آقا کے درمیان رابطہ میں پختگی اور گہرائی پیدا ہو جائے۔

بہرحال احادیث قدسیہ کا اسلوب اپنی تمام صورتوں میں تاثیر میں ڈوبا ہوا

اپنے اندر "روحانی چھاپ" لئے ہوئے ہوتا ہے۔ یہی وجہ ہے کہ ترغیب و ترہیب اور تصوف و مجاہدات کی کتابوں میں مصنفین نے احادیث قدسیہ سے زیادہ استفادہ اور استدلال کیا ہے۔

الحمد للہ رب العالمین والصلوۃ والسلام علی اشرف الانبیاء والمرسلین وعلی جمیع ملائکۃ المقربین وعلی عباداللہ الصالحین۔ امابعد

حدیث شریف کی نشر و اشاعت اور تعلیم و تعلم میں مشغولیت ایک بہت بڑا اعزاز ہے اور خوش قسمت ہیں وہ انسان جن کے شب و روز حدیثِ نبوی کے پڑھنے پڑھانے اور تشریح و توضیح میں گزرتے ہیں۔

اھل الحدیث ھمو اھل النبی ان لم یصحبوہ، انفاسہ صحبوا

(محدثین کرام وہ خوش نصیب لوگ ہیں کہ انہیں اگرچہ آپ ﷺ کی صحبت تو حاصل نہیں ہوئی، مگر آپ کے ارشادات کی صحبت ضرور حاصل ہے)۔

حدیث شریف میں آتا ہے: "نضر اللہ امرءً سمع منا شیئا فبلغہ کما سمعہ فرب مبلغ اوعیٰ من سامع"۔ (اللہ تعالیٰ اس شخص کو پر رونق اور تر و تازہ رکھے جس نے ہم سے کچھ سنا اور جیسے سنا تھا ویسے ہی آگے پہنچادیا کیونکہ بسا اوقات براہِ راست سننے والے سے بالواسطہ سننے والا زیادہ سمجھدار اور محفوظ کرنے والا ہوتا ہے)۔

یہ نبی کریم ﷺ کی ایسی دعا ہے کہ اس سے ہر مسلمان ہر دور میں فیضیاب ہو سکتا ہے اور اسی سعادت کے حصول کی نیت سے یہ چند سطور قلمبند کی گئی ہیں۔

حدیث شریف کے آداب میں سے ایک ادب یہ ہے کہ مطالعۂ حدیث کا منشاء محض علمی سیر یا وقت گزاری نہیں ہونا چاہئے بلکہ ایمان کی تازگی، محبتِ رسول میں

ترقی، حصول ہدایت اور عمل کرنے کی نیت سے مطالعہ کرنا چاہئے۔ اور حدیث کی کتاب پڑھتے وقت رسول اللہ ﷺ کی عظمت و محبت کے جذبات سے دل سرشار ہونا چاہئے اور ایسے ادب اور توجہ سے پڑھا جائے یا سنا جائے کہ گویا حضور ﷺ کی مجلس اقدس میں حاضر ہیں اور آپ ﷺ فرمارہے ہیں اور ہم سن رہے ہیں۔

حضرت امام مالک رحمۃ اللہ علیہ جب اپنی تالیف کردہ حدیث کی کتاب "موطا مالک" کا سبق پڑھانے بیٹھتے تو پہلے غسل کرتے، پھر نیا لباس زیب تن کرتے، خوشبو لگاتے اور انتہائی انہماک اور توجہ سے درس حدیث میں مشغول ہو جاتے۔ ایک مرتبہ سبق سے فارغ ہو کر ایک شاگرد سے فرمایا: "بیٹا! ذرا دیکھو میری کمر پر کوئی چیز ڈس رہی ہے"۔ شاگرد نے کمر سے کپڑا ہٹا کر دیکھا تو "کالا بچھو" آپ کی کمر پر چمٹا ہوا ڈس رہا تھا اور سترہ (۱۷) جگہ سے اس کے ڈنک مارنے کی وجہ سے خون رس رہا تھا۔ بچھو کو مارا گیا اور عرض کیا گیا کہ حضرت! اس نے تو آپ کی کمر چھلنی کر کے رکھ دی آپ نے پہلے کیوں نہیں بتایا۔ امام صاحب رحمۃ اللہ علیہ نے فرمایا کہ "آپ لوگوں کو حدیث سے ہٹا کر اپنے کام کی طرف متوجہ کرنے میں مجھے کلام نبوی کی بے ادبی محسوس ہوئی، اس لئے میں ایسا نہیں کیا"۔ اللہ تعالیٰ ہمیں بھی اپنے نبی ﷺ کے کلام کا ادب و احترام نصیب فرمائے (آمین)۔

کچھ احادیث قدسی

حدیثِ قدسی نمبر ا

بِسمِ اللہِ الرَّحمٰنِ الرَّحِیم

عَن اَبِی ھُرَیرَۃَ رَضِیَ اللہُ عَنہُ قَالَ قَالَ رَسُولُ اللہِ صَلَّی اللہُ عَلَیہِ وَسَلَّم لَمَّا قَضَی اللہُ الخَلقَ، کَتَبَ فِی کِتَابِہِ عَلٰی نَفسِہِ، فَھُوَ مَوضُوعٌ عِندَہٗ: اِنَّ رَحمَتِی تَغلِبُ غَضَبِی

رواہ مسلم (وکذلک البخاری والنسائی وابن ماجۃ)۔

ترجمہ: حضرت ابو ہریرہ رضی اللہ عنہ سے روایت ہے کہ رسول اللہ ﷺ نے فرمایا۔

جب اللہ تعالیٰ نے کائنات کی تخلیق مکمل کر لی تو اپنی کتاب میں اپنے متعلق لکھ دیا جو کہ اس کے پاس موجود ہے۔

تحقیق میری رحمت میرے غضب پر غالب رہے گی

(مسلم، بخاری، نسائی، ابن ماجہ)

تشریح: رحمت خداوندی کی وسعت کے مطابق قرآن کریم میں آتا

ہے۔ ور حمتی وسعت کل شیٔ۔(اور میری رحمت ہر چیز پر وسیع ہے)۔اور اس حدیث مبارک میں فرمان ہے :"میری رحمت میرے غضب پر غالب رہتی ہے"۔یعنی جب ایک طرف غضب کے تقاضے ہوں اور دوسری طرف رحمت کے تقاضے ہوں تو رحمت الٰہیہ کا پلڑا بھاری رہے گا۔ لہٰذا اگر کوئی ایسا عمل سرزد ہو جائے جو غضب خداوندی کو دعوت دیتا ہو تو فوراً ہی ایسا عمل انجام دے لینا چاہیے جو رحمت خداوندی کو کھینچنے والا ہو چنانچہ اللہ کی رحمت کا پہلو اللہ کے غضب و غصہ پر غالب آجائے گا اور اس کی مغفرت کی راہ ہموار ہو جائے گی۔ آپ الفاظِ حدیث میں غور کریں! کس طرح مایوسیوں کے بادل چھٹتے ہوئے اور امیدوں کی گھٹا چھاتی ہوئی نظر آتی ہے کہ اللہ کی رحمت، غصہ پر غالب ہی رہتی ہے اور یہ بات لکھ کر اللہ تعالیٰ نے اپنے پاس رکھی ہوئی ہے۔ گویا اس کی خلاف ورزی ہو ہی نہیں سکتی۔ ان اللہ لایخلف المیعاد (اللہ تعالیٰ کبھی بھی وعدہ خلافی نہیں کرتے)۔

ایک حدیث شریف میں آتا ہے کہ اللہ تعالیٰ نے رحمت کے سو(۱۰۰) حصے کئے ہیں جن میں سے ننانوے(۹۹) حصے اپنے پاس رکھے کہ ان سے اپنی مخلوق پر رحم کریں گے اور ایک حصہ مخلوقات میں تقسیم کر دیا۔ یہ اسی سوویں(۱۰۰) حصے کی برکت ہے کہ مخلوقات باہمی طور پر محبت و مودت سے پیش آتی ہیں۔ ماں باپ اپنی اولاد کے لئے شفقت و پیار کے جذبات رکھتے ہیں۔ جب ایک حصہ کا یہ کرشمہ ہے تو جس ذات کے پاس ننانوے (۹۹) حصے ہیں اس کے رحم و کرم اور عفو و درگزر کا کیا عالم ہو گا!!۔

تاریخی روایت ہے کہ حجاج بن یوسف کے انتقال کے وقت اس کی ماں بہت

غمگین اور پریشان تھی۔ حجاج کے پوچھنے پر اس نے کہا کہ بیٹا تمہارے لئے پریشان ہوں کہ تمہارا کیا بنے گا؟ اس نے کہا:" اماں! اگر تمہیں جنت یا دوزخ کا اختیار مل جائے تو تم مجھے کہاں ڈالو گی؟" اس نے کہا:"جنت میں!"۔ حجاج کہنے لگا کہ جس اللہ کے پاس میں جارہا ہوں وہ تم سے بھی ننانوے (۹۹) درجے زیادہ رحیم ہے۔ اللہ اپنی رحمتوں کے دامن میں جگہ نصیب فرمائے۔(آمین)۔

حدیثِ قدسی نمبر ۲

بِسْمِ اللہِ الرَّحْمٰنِ الرَّحِیْمِ

عَنْ اَبِیْ هُرَیْرَةَ رَضِیَ اللہُ عَنْہُ، عَنِ النَّبِیِّ صَلَّی اللہُ عَلَیْہِ وَسَلَّمَ:
"قَالَ اللہُ تَعَالٰی: کَذَّبَنِیْ ابْنُ اٰدَمَ، وَلَمْ یَکُنْ لَہٗ ذٰلِکَ، وَشَتَمَنِیْ وَلَمْ یَکُنْ لَہٗ ذٰلِکَ۔ فَاَمَّا تَکْذِیْبُہٗ اِیَّایَ، فَقَوْلُہٗ: لَنْ یُّعِیْدَنِیْ کَمَا بَدَاَنِیْ، وَلَیْسَ اَوَّلُ الْخَلْقِ بِاَھْوَنَ عَلَیَّ مِنْ اِعَادَتِہٖ۔ وَاَمَّا شَتْمُہٗ اِیَّایَ، فَقَوْلُہٗ: اتَّخَذَ اللہُ وَلَدًا، وَاَنَا الْاَحَدُ الصَّمَدُ، لَمْ اَلِدْ وَلَمْ اُوْلَدْ، وَلَمْ یَکُنْ لِّیْ کُفُوًا اَحَدٌ"۔

رواہ البخاری (وکذلک النسائی)

ترجمہ: حضرت ابو ہریرہ رضی اللہ عنہ سے روایت ہے کہ نبی کریم ﷺ نے ارشاد فرمایا:

"اللہ تعالیٰ ارشاد فرماتے ہیں: ابن آدم نے مجھے جھٹلایا حالانکہ اسے اس بات

کا حق نہیں پہنچتا تھا اور اس نے مجھے گالی دی حالانکہ اسے اس بات کا بھی حق نہیں پہنچتا تھا۔ اس کا مجھے جھٹلانا تو یہ ہے کہ یہ کہتا ہے کہ اللہ تعالیٰ مجھے دوبارہ پیدا نہیں کر سکیں گے! جیسا کہ مجھے پہلے پیدا کیا! حالانکہ پہلی مرتبہ پیدا کر لینا دوسری مرتبہ پیدا کرنے سے زیادہ آسان نہیں تھا! اور اس کا مجھے گالی دینا یہ ہے کہ یہ کہتا ہے کہ اللہ تعالیٰ کی اولاد ہے۔ حالانکہ میں اکیلا اور بے نیاز ہوں۔ نہ میں نے کسی کو جنا ہے اور نہ ہی میں کسی سے جنا گیا ہوں اور نہ ہی میرا کوئی ہمسر ہے!"۔

(بخاری۔ نسائی)

تشریح: شکایت کا کیسا پیار بھرا انداز ہے۔ آقا اپنے بندے سے، خالق اپنی مخلوق سے اور مالک اپنے مملوک سے محبوبانہ شکوہ کر رہا ہے۔ جس میں دلائل سے مطمئن کرنے کا انداز بھی ہے اور جذبات کو ابھار کر عار دلانے اور شرم کا احساس پیدا کرنے کا اسلوب بھی!۔ ابن آدم کے لفظ سے انسان کو اس کی اصلیت یاد دلائی گئی ہے کہ تمہارے جدامجد کو میں نے مٹی سے پیدا کر کے شرف انسانیت سے نوازا۔ عدم سے وجود بخشا۔ حسن و خوبصورتی کا اعلیٰ نمونہ بنایا اور مسجودِ ملائکہ بنا کر رفعت و بلندی کے بام عروج پر پہنچا دیا۔ گویا یہ کچھ بھی نہیں تھا، میں نے اسے سب کچھ بنا دیا۔ تذکرہ کے قابل بھی نہیں تھا، میں نے صدر نشین محفل بنا دیا۔ میرے اسی نمک خوار کا بیٹا میرے بارے میں اس قسم کی گفتگو کر رہا ہے!؟ اپنے اختیارات اور اپنی حیثیت سے تجاوز کر رہا ہے۔ حالانکہ اگر یہ اپنے اوپر اور اپنے جدامجد پر میرے احسانات ہی کو سوچ لے تو اسے ایسی حرکت سے باز رکھنے کے لئے یہی کافی ہے!۔

"جھٹلانے" کا مطلب یہ ہے کہ میں اسے مرنے کے بعد دوبارہ زندہ کروں گا اور یہ حیات بعد الموت کا انکار کرتا ہے گویا میرے دعوے کو جھٹلا رہا ہے۔ انسان اپنی حیثیت میں غور کرے تو اسے اس قسم کی بات کرنے کا اختیار ہی نہیں ہے۔ پھر یہ سوچے کہ جس اللہ نے اسے پہلے بغیر کسی سابقہ نقشہ یا نمونے کے پیدا کر لیا بھلا اس کے لئے بنائی ہوئی چیز کو دوبارہ بنالینا کون سا مشکل ہے؟ اگر اسے یہ مشکل نظر آتا ہے تو یہ غور کرے کہ پہلے پیدا کرنا کون سا آسان کام تھا؟ اور یہ مشکل اور آسان تو انسانی نکتہ نگاہ سے ہے، اللہ تعالیٰ کے لئے تو سب برابر ہے۔ فرمان باری تعالیٰ ہے: ما خلقکم ولا بعثکم الا کنفس واحدۃ۔

"گالی دینے" کا مطلب یہ ہے کہ اللہ تعالیٰ صمد اور بے نیاز ہے، بے مثل اور بے مثال ہے۔ نہ اس کا کوئی باپ ہے اور نہ ہی وہ کسی کا باپ ہے۔ نہ اس کی کوئی اولاد ہے اور نہ ہی وہ کسی کی اولاد ہے۔ مگر انسان کی ناسمجھی دیکھئے کہ کوئی کہتا ہے کہ عیسیٰ علیہ السلام اللہ کے بیٹے ہیں۔ کوئی کہتا ہے کہ عزیر علیہ السلام اللہ کے بیٹے ہیں۔ فرمان باری تعالیٰ ہے: وقالت الیہود عزیر ابن اللہ وقالت النصاری المسیح ابن اللہ (یہودیوں نے کہا کہ عزیر اللہ کے بیٹے اور نصرانیوں نے کہا کہ مسیح اللہ کے بیٹے)۔ عزیر علیہ السلام بھی انسان تھے اور مسیح علیہ السلام بھی انسان تھے اور اللہ تعالیٰ غیر انسان ہیں۔ بھلا غیر انسان کے ہاں انسان کا پیدا ہونا کیسے ممکن ہو سکتا ہے؟ پہلی بات تو یہ ہے کہ اللہ تعالیٰ واجب الوجود ہیں، ان کی جنس کا کوئی دوسرا فرد ہو ہی نہیں سکتا لیکن اگر بالفرض والتقدیر ان کی اولاد ہو بھی تو وہ انہی کی جنس سے ہونی چاہیے تھی۔ اللہ کے گھر میں انسان یعنی غیر جنس کا پیدا ہونا بہت بڑا عیب ہے۔ جس طرح

انسان کے گھر میں غیر انسان یعنی "بھیڑ" یا" بکری "کا پیدا ہو جانا بہت بڑا عیب ہے بلکہ اگر کہیں اس قسم کا واقعہ پیش آجائے تو وہ منہ چھپاتا پھرے گا اور اگر کسی انسان کو اس کے گھر میں کسی دوسرے جانور کا بچہ پیدا ہونے کی خبر دی جائے تو وہ اسے انتہائی معیوب اور اپنے لئے باعث ہتک اور باعث ننگ و عار سمجھے گا۔ تو انسان نے اللہ تعالیٰ کے ہاں انسان کی پیدائش کو کیسے ممکن سمجھ کر باور کر لیا؟؟ یہ تو بہت بڑا عیب اور بہت بڑی گالی ہے۔ قرآن کریم میں ہے :

تکاد السموات یتفطرن منہ و تنشق الارض و تخر الجبال ھداo ان دعوا للرحمن ولداo وما ینبغی للرحمن ان یتخذ ولداo (آسمان اس سے پھٹنے لگا۔ زمین میں شگاف پڑنے لگے اور پہاڑ ریزہ ریزہ ہو کر گرنے لگے ان کے رحمن کے لئے اولاد کا دعویٰ کرنے کی وجہ سے۔ رحمن کی شان کے لائق ہی نہیں کہ وہ اولاد کو اپنے لئے بنائے)۔ لہٰذا اللہ تعالیٰ کے لئے اولاد کو ثابت کرنے کی کوشش دراصل اللہ تعالیٰ کو گالی دینے کے مترادف ہے۔ اور کائنات کی ہر چیز اس کی ملکیت ہے اور اولاد ملکیت نہیں بن سکتی۔ اس طرح اس کی ملکیت میں بھی نقص لازم آئے گا بلکہ اگر اولاد ہو گی تو اس کی شریک کار بھی سمجھی جائے گی جبکہ اس کا کوئی ساجھی اور شریک نہیں، وہ صمد اور بے نیاز ہے، اس کا کوئی ہمسر نہیں۔

حدیث قدسی نمبر ۳

بِسمِ اللہِ الرَّحمٰنِ الرَّحِیمَ

عَنْ زَیْدِ بْنِ خَالِدٍ الْجُہَنِی رَضِیَ اللّٰہُ عَنْہُ قَالَ:۔

صَلّٰی لَنَا رَسُوْلُ اللّٰہِ صَلَّی اللّٰہُ عَلَیْہِ وَسَلَّمَ، صَلَاۃَ الصُّبْحِ بِالْحُدَیْبِیَّۃِ، عَلٰی اِثْرِ سَمَاءٍ(۱) کَانَتْ مِنَ اللَّیْلَۃِ۔ فَلَمَّا انْصَرَفَ النَّبِیُّ صَلَّی اللّٰہُ عَلَیْہِ وَسَلَّمَ، اَقْبَلَ عَلَی النَّاسِ، فَقَالَ لَہُمْ: "ہَلْ تَدْرُوْنَ مَاذَا قَالَ رَبُّکُمْ؟ قَالُوْا: اللّٰہُ وَرَسُوْلُہٗ اَعْلَمُ، قَالَ: اَصْبَحَ مِنْ عِبَادِیْ مُوْمِنٌ بِیْ وَکَافِرٌ، فَاَمَّا مَنْ قَالَ: مُطِرْنَا بِفَضْلِ اللّٰہِ وَرَحْمَتِہٖ، فَذٰلِکَ مُوْمِنٌ بِیْ، کَافِرٌ بِالْکَوْکَبِ۔ وَاَمَّا مَنْ قَالَ: مُطِرْنَا بِنَوْءٍ(۲) کَذَا وَکَذَا، فَذٰلِکَ کَافِرٌ بِیْ، مُوْمِنٌ بِالْکَوْکَبِ"۔

رواہ البخاری (وکذلک مالک والنسائی)۔

(۱) عصب مطر

(۲) النوء: الکوکب: ربطوا نزول المطر بہ۔ واللہ خالق الکوکب ومسبر لکل الظواہر الطبعیۃ

ترجمہ: حضرت زید بن خالد جہنی رضی اللہ عنہ روایت کرتے ہیں کہ:۔

"رسول اللہ صلی اللہ علیہ وسلم نے حدیبیہ کے مقام پر فجر کی نماز پڑھائی۔ اس رات بارش ہوئی تھی۔ آپ صلی اللہ علیہ وسلم جب نماز سے فارغ ہوئے تو لوگوں کی طرف متوجہ ہوئے اور فرمایا!"تم جانتے بھی ہو کہ ہمارے پروردگار نے کیا فرما دیا؟"لوگوں نے جواب دیا کہ "اللہ اوراس کے رسول ہی بہتر جانتے ہیں۔" آپ صلی اللہ علیہ وسلم نے فرمایا کہ اللہ تعالیٰ نے ارشاد فرمایا کہ "میرے بعض بندے

مجھ پر ایمان لانے والے ہو گئے اور بعض کفر کرنے والے ہو گئے۔ جس نے کہا کہ اللہ کے فضل اور اس کی رحمت سے بارش ہوئی وہ مجھ پر ایمان لانے والا اور ستاروں کا انکار کرنے والا ہے اور جس نے کہا کہ فلاں فلاں ستارے کی وجہ سے بارش ہوئی تو وہ ستاروں پر ایمان لانے والا اور میرا انکار کرنے والا ہے۔"

(بخاری۔ موطا۔ نسائی)

تشریح : اس مبارک حدیث میں غور کرنے سے معلوم ہوتا ہے کہ نبی کریم صلی اللہ علیہ وسلم سفر و حضر میں اصلاح و تربیت کے کسی بھی موقع کو ہاتھ سے نہیں جانے دیتے تھے اور صحابہ کرام کی بر وقت رہنمائی کر کے اپنے فرض منصبی کو احسن طریقے سے ادا کیا کرتے تھے۔

زمانہ جاہلیت میں لوگوں میں یہ نظریہ پایا جاتا تھا کہ ہر نئے پیش آمدہ واقعہ کو آسمانی ستاروں کا کرشمہ سمجھا جاتا اور یہ خیال کیا جاتا کہ فلاں ستارہ مہربان ہو گیا ہے جس کی وجہ سے زمین والوں کو یہ فائدہ پہنچا ہے اور فلاں ستارہ ناراض ہو گیا ہے جس کی وجہ سے یہ نقصان پہنچا ہے۔ چنانچہ بارش کے بارے میں بھی ان کا نقطہ نظر اسی قسم کا تھا کہ مخصوص قسم کے ستارے کی مہربانی سے اہل زمین سیر اب کئے جاتے ہیں۔

چونکہ اس قسم کے نظریات اور عقائد معاشرہ کے افراد میں سستی، کاہلی اور بے عملی کے خطرناک جراثیم پیدا کر دیتے ہیں جو قوموں کی قوت عمل کو تباہ کر کے رکھ دیتے ہیں اور سفر کے موقع پر انسان میں مہم جوئی اور نئے حقائق کو اپنے اندر سمو لینے کا ایک فطری جذبہ موجزن ہوتا ہے۔ اس لئے اس موقع سے بھر پور فائدہ

اٹھاتے ہوئے آپ ﷺ نے وحی الٰہی کی روشنی میں صحابہ کرام کی رہنمائی فرمائی اور رات بھر کی بارش کے بعد فجر کے وقت اس تازہ پیش آمدہ واقعہ کے بارے میں صحیح حقائق اور اسلامی تعلیمات کو بیان کرنے کے لئے گفتگو کا انوکھا انداز اختیار کیا کہ " جانتے بھی ہو! آج رات اللہ تعالیٰ نے کیا فرمادیا؟" اس سوال سے نبی کریم ﷺ صحابہ کرام کی توجہ اپنی طرف مبذول کرا کے ان میں تلاش و جستجو کا مادہ ابھارنا چاہتے تھے جو بدرجہ اتم حاصل ہو گیا۔

چنانچہ وہ ہمہ تن گوش ہو گئے۔ انہوں نے کہا " اللہ اور اس کے رسول ہی بہتر جانتے ہیں " صحابہ کرام کے اس جواب سے ان کی خود سپردگی، حصول علم کا جذبہ اور نئی بات جاننے کا شوق وولولہ صاف ظاہر ہو رہا تھا۔ چنانچہ آپ ﷺ نے ارشاد فرمایا کہ اللہ تعالیٰ نے فرمایا ہے: کہ اس بارش پر تبصرہ کے نتیجے میں میرے بندے دو گروہوں میں منقسم ہو گئے ہیں۔ (۱) مومن (۲) کافر۔ جن کا عقیدہ یہ ہے کہ موثر حقیقی ذات خداوندی ہے اور اسی کے فضل و کرم سے باران رحمت کا نزول ہوتا ہے تو یہ میرے حق میں مومن اور ستاروں کے حق میں کافر ہیں۔ اور جن کا عقیدہ یہ ہے کہ فلاں آسمانی ستارے کی تاثیر سے بارش برستی ہے۔ تو وہ ستاروں کے حق میں مومن اور میرے حق میں کافر ہیں۔

فاعل اور موثر حقیقی ذات باری تعالیٰ ہے۔ وہی مسبب الاسباب ہے۔ اس کے حکم کے بغیر بارش کا ایک قطرہ بھی زمین پر نہیں گر سکتا۔ وہ چاہے تو " مون سون " یا بادلوں کو بطور اسباب استعمال کرلے اور ان کے ذریعہ بارش برسادے اور چاہے تو ان کے بغیر بارش برسادے۔ ایسا بھی ہو سکتا ہے کہ " مون سون " کا سارا موسم گزر

جائے اور آسمان پر کالی گھٹائیں چھائی رہیں اور بارش کا ایک قطرہ بھی نہ برسے اور ایسا بھی ہو سکتا ہے کہ نہ "مون سون" ہو اور نہ ہی بادل مگر بارش سے جل تھل ہو جائے۔

اگر فاعل اور موثر حقیقی ذات باری تعالیٰ کو جانتے ہوئے کسی دوسرے سبب کی طرف بارش کو منسوب کرتا ہے تو یہ کفر نہیں کہلائے گا۔

حدیث قدسی نمبر ۴

بِسمِ اللّٰہِ الرَّحمٰنِ الرَّحِیمَ

عَن اَبِی ھُرَیرَۃَ رَضِیَ اللّٰہُ عَنہُ قَالَ: قَالَ رَسُولُ اللّٰہِ صَلَّی اللّٰہُ عَلَیہِ وَسَلَّمَ:
"قَالَ اللّٰہُ : یَسُبُّ بَنُوا آدَمَ الدَّھرَ، وَاَنَا الدَّھرُ، بِیَدِی اللَّیلُ وَالنَّھارُ"۔
رواہ البخاری (وکذلک مسلم)

ترجمہ: حضرت ابوہریرہ رضی اللہ عنہ روایت کرتے ہیں کہ رسول اللہ ﷺ نے فرمایا:

"اللہ تعالیٰ ارشاد فرماتے ہیں: بنی آدم زمانہ کو برا بھلا کہتے ہیں۔ حالانکہ میں ہی زمانہ ہوں اور دن رات میرے ہی قبضہ قدرت میں ہیں۔" (بخاری۔ مسلم)

تشریح: "میں ہی زمانہ ہوں" کے معنی یہ ہیں کہ میرے حکم اور ارادوں سے زمانہ میں تبدیلیاں آتی ہیں۔ لہٰذا زمانہ کو برا بھلا کہنا دراصل اللہ تعالیٰ پر اعتراض

کرنا ہے۔ بعض لوگوں کی عادت ہوتی ہے کہ وہ بات بات میں یہ کہتے رہتے ہیں کہ "صاحب! زمانہ بڑا خراب آگیا ہے"۔ "کیا کریں؟ زمانہ ہی ایسا ہے"۔ یہ دراصل اپنی ذمہ داری سے پہلو تہی کی واضح مثال ہے کہ "فعل بد تو خود کرے اور لعنت شیطان پر "یعنی غلطی کا ارتکاب کر لینے کے بعد اس کے اثرات کی ذمہ داری خود قبول کرنے کے بجائے زمانہ پر ڈال دی۔ حالانکہ زمانہ کا تغیر و تبدل ارادۂ الٰہی کے تابع ہے اور حالات کا بناؤ اور بگاڑ اعمال کے ساتھ مربوط ہے۔ لہٰذا اخلاقی جرات کا مظاہرہ کرتے ہوئے بگاڑ اور فساد کی ذمہ داری خود قبول کر کے اس کی اصلاح کی کوشش کرنی چاہیے۔

حدیث قدسی نمبر ۵

بِسمِ اللہِ الرَّحمٰنِ الرَّحِیم

عَن اَبِی ھُرَیرَۃَ رَضِیَ اللہُ عَنہُ قَالَ: قَالَ رَسُولُ اللہِ صَلَّی اللہُ عَلَیہِ وَسَلَّمَ:
"قَالَ اللہُ تَبَارَکَ وَتَعَالٰی: اَنَا اَغنَی الشُّرَکَاءِ عَنِ الشِّرکِ: مَن عَمِلَ عَمَلاً اَشرَکَ فِیہِ غَیرِی(۱)، تَرَکتُہُ وَشِرکَہُ"۔
رواہ مسلم (وکذلک ابن ماجۃ)

---

(۱) اشرک فی قصدہ اذ عمل العمل للہ ولغیرہ

ترجمہ: حضرت ابوہریرہ رضی اللہ عنہ روایت کرتے ہیں کہ رسول اللہ ﷺ نے فرمایا:

"اللہ تبارک و تعالیٰ فرماتے ہیں: میں تمام شرکاء میں سب سے زیادہ مستغنی ہوں۔ جس شخص نے کوئی عمل کیا اور اس میں میرے غیر کو شریک کیا تو میں اسے اس کے شرک کے حوالے کر دیتا ہوں۔" (مسلم۔ ابن ماجہ)

تشریح: اس حدیث شریف میں یہ بات واضح ہوتی ہے کہ ریاکاری اور دکھاوے کے لئے انجام دیا جانے والا عمل دربار خداوندی میں کوئی اہمیت یا وزن نہیں رکھتا۔ کیونکہ اللہ تعالیٰ کو عمل کی حاجت نہیں ہے اور جسے دکھاوے کے لئے اس نے عمل کیا ہے وہ محتاج ہے۔ لہٰذا اللہ تعالیٰ اس عمل میں اپنے حصہ سے دستبردار ہو کر پورا عمل ہی اپنے غیر کے لئے چھوڑ دیتے ہیں۔ ایک دوسری حدیث میں آتا ہے کہ تم نے جس کے لئے عمل کیا تھا جاؤ ثواب اسی سے لے لو۔

ایک حدیث شریف میں ریاکاری کو شرک خفی قرار دیا گیا ہے کہ یہ ایسا چھپا ہوا شرک ہے جو آسانی سے محسوس نہیں ہوتا اس لئے اس میں زیادہ لوگ مبتلا ہو جاتے ہیں اور اپنے اعمال کو ضائع کر بیٹھتے ہیں۔ شیخ سعدی فرماتے ہیں۔

کلید در دوزخ است آن نماز
که در چشم مردم گزاری دراز

(وہ نماز جہنم کے دروازے کی چابی ہے جو لوگوں کو دکھانے کے لئے لمبی پڑھی گئی ہو)۔ حدیث شریف میں آتا ہے کہ کوئی بھی نیک عمل کر لینے کے بعد اگر یہ دعا پڑھ لی جائے تو ریاء کاری کے گناہ سے حفاظت ہو جاتی ہے:

اَللّٰھُمَّ اِنِّیْ اَعُوْذُ بِکَ مِنْ اَنْ اُشْرِکَ بِکَ شَیْئاً اَعْلَمُہٗ وَاَسْتَغْفِرُکَ لِمَا لَا اَعْلَمُہٗ۔

ترجمہ: اے اللہ ! میں تیری پناہ میں آتا ہوں اس بات سے کہ جانتے بوجھتے ہوئے کسی چیز کو تیرے ساتھ شریک کروں اور اس سے بھی استغفار کرتا ہوں کہ لاعلمی میں کسی چیز کو تیرے ساتھ شریک کروں۔

حدیث قدسی نمبر۶

بِسْمِ اللّٰہِ الرَّحْمٰنِ الرَّحِیْمِ

عَنْ اَبِیْ ھُرَیْرَۃَ رَضِیَ اللّٰہُ عَنْہُ قَالَ: سَمِعْتُ رَسُوْلَ اللّٰہِ صَلَّی اللّٰہُ عَلَیْہِ وَسَلَّمَ یَقُوْلُ:

"اِنَّ اَوَّلَ النَّاسِ یُقْضٰی یَوْمَ الْقِیَامَۃِ عَلَیْہِ رَجُلٌ اسْتُشْہِدَ، فَاُتِیَ بِہٖ فَعَرَّفَہٗ نِعَمَہٗ فَعَرَفَھَا قَالَ: فَمَا عَمِلْتَ فِیْھَا؟ قَالَ: قَاتَلْتُ فِیْکَ حَتّٰی اسْتَشْہَدْتُ، قَالَ: کَذَبْتَ، وَلٰکِنَّکَ قَاتَلْتَ لِاَنْ یُقَالَ: جَرِیْءٌ، فَقَدْ قِیْلَ۔ ثُمَّ اُمِرَ بِہٖ فَسُحِبَ عَلٰی وَجْہِہٖ حَتّٰی اُلْقِیَ فِی النَّارِ۔ وَرَجُلٌ تَعَلَّمَ الْعِلْمَ وَعَلَّمَہٗ وَقَرَاَ الْقُرْآنَ، فَاُتِیَ بِہٖ، فَعَرَّفَہٗ نِعَمَہٗ فَعَرَفَھَا۔ قَالَ: فَمَا عَمِلْتَ فِیْھَا؟ قَالَ: تَعَلَّمْتُ الْعِلْمَ وَعَلَّمْتُہٗ، وَقَرَاْتُ فِیْکَ الْقُرْآنَ، قَالَ: کَذَبْتَ، وَلٰکِنَّکَ تَعَلَّمْتَ الْعِلْمَ لِیُقَالَ: عَالِمٌ، وَقَرَاْتَ

الْقُرْآنَ، لِيُقَالَ: هُوَ قَارِئٌ، فَقَدْ قِيلَ، ثُمَّ أُمِرَ بِهِ فَسُحِبَ عَلَى وَجْهِهِ، حَتَّى أُلْقِيَ فِي النَّارِ. وَرَجُلٌ وَسَّعَ اللهُ عَلَيْهِ، وَأَعْطَاهُ مِنْ أَصْنَافِ الْمَالِ كُلِّهِ، فَأُتِيَ بِهِ، فَعَرَّفَهُ نِعَمَهُ فَعَرَفَهَا. قَالَ: فَمَا عَمِلْتَ فِيهَا؟ قَالَ: مَا تَرَكْتُ مِنْ سَبِيلٍ تُحِبُّ أَنْ يُنْفَقَ فِيهَا إِلَّا أَنْفَقْتُ فِيهَا لَكَ، قَالَ: كَذَبْتَ، وَلَكِنَّكَ فَعَلْتَ لِيُقَالَ: هُوَ جَوَّادٌ، ثُمَّ أُمِرَ بِهِ فَسُحِبَ عَلَى وَجْهِهِ، ثُمَّ أُلْقِيَ فِي النَّارِ۔

(رواہ مسلم و کذلک الترمذی والنسائی)

ترجمہ: حضرت ابو ہریرہ رضی اللہ تعالیٰ عنہ سے روایت ہے کہ انہوں نے رسول اللہ ﷺ کو فرماتے ہوئے سنا کہ:

قیامت کے دن سب سے پہلے جس شخص کے خلاف فیصلہ سنایا جائے گا:

(۱) وہ شخص ہو گا جو دنیا میں شہید ہوا ہو گا۔ اسے اللہ تعالیٰ کے سامنے لایا جائے گا۔ اللہ تعالیٰ اسے اپنی نعمتیں یاد دلائیں گے۔ وہ ان کا اعتراف کرے گا۔ اللہ تعالیٰ اس سے پوچھیں گے کہ تو نے میری نعمتوں کا کیا حق ادا کیا؟ وہ جواب دے گا کہ اے اللہ! میں تیرے راستہ میں جہاد کرتا رہا یہاں تک کہ شہید ہو گیا۔ اللہ تعالیٰ فرمائیں گے کہ تم جھوٹ کہتے ہو۔ تم نے تو جہاد اس لئے کیا تھا کہ لوگ تمہیں جراتمند و بہادر کہیں۔ سو وہ دنیا میں کہا جا چکا پھر اس کے بارے میں حکم دیا جائے گا اور اسے منہ کے بل گھسیٹ کر جہنم میں ڈال دیا جائے گا۔

(۲) وہ شخص ہو گا جس نے علم دین اور قرآن کریم کی تعلیم حاصل کی ہو گی اور دوسروں کو اس کی تعلیم دی ہو گی۔ اسے اللہ تعالیٰ کے سامنے لایا جائے گا۔ اللہ تعالیٰ اسے اپنے انعامات یاد دلائیں گے وہ ان سب کا اعتراف کرے گا۔ اللہ تعالیٰ

اس سے پوچھیں گے کہ تونے میرے انعامات کا کیا حق ادا کیا؟ وہ جواب دے گا کہ اے اللہ! میں نے علم دین اور قرآن کریم کی تعلیم حاصل کی اور آپ کی خوشنودی کے حصول کے لئے دوسروں کو تعلیم دی۔ اللہ تعالیٰ فرمائیں گے تم جھوٹ کہتے ہو، تم نے تو اس لئے علم حاصل کیا تھا کہ لوگ تمہیں بڑا عالم کہیں اور قرآن کریم اس لئے پڑھا تھا کہ لوگ تمہیں بڑا قاری کہیں۔ سو وہ دنیا میں کہا جا چکا پھر اس کے بارے میں حکم دیا جائے گا اور اسے منہ کے بل گھسیٹ کر جہنم میں ڈال دیا جائے گا۔

(۳) وہ شخص ہو گا جس پر اللہ نے وسعت کی ہو گی اور ہر قسم کا مال و دولت اسے عطا کیا ہو گا۔ اسے اللہ تعالیٰ کے سامنے لایا جائے گا۔ اللہ تعالیٰ اسے اپنے انعامات کی یاددہانی کرائیں گے۔ وہ ان سب کا اعتراف کرے گا۔ اللہ تعالیٰ فرمائیں گے کہ تونے ان انعامات کا کیا حق ادا کیا؟ وہ جواب دے گا کہ اے اللہ! میں نے کوئی راستہ ایسا نہیں چھوڑا جہاں تجھے خرچ کرنا پسند ہو اور میں نے خرچ نہ کیا ہو۔ اللہ تعالیٰ فرمائیں گے "تم جھوٹ کہتے ہو، تم نے تو اس لئے خرچ کیا تھا کہ لوگ تمہیں سخی کہیں۔ سو وہ کہا جا چکا۔" پھر اس کے بارے میں بھی حکم دیا جائے گا اور اسے منہ کے بل گھسیٹ کر جہنم میں ڈال دیا جائے گا۔

(مسلم۔ ترمذی۔ نسائی)

تشریح: انتہائی عظیم اور بابرکت حدیث شریف ہے جسے بیان کرتے ہوئے راوی حدیث حضرت ابوہریرہ اکثر بے ہوش ہو کر گر جایا کرتے تھے۔ آپ کے گلے کی رگیں پھول جاتیں اور چہرہ کا رنگ متغیر ہو جاتا۔

ریاکاری اور دکھاوے کی "نحوست" دیکھئے کہ شہید فی سبیل اللہ، عالم دین، قاری اور سخی جیسے عظیم انسان بھی اپنے عظیم عمل کے ثمرات سے نہ صرف محروم رہے بلکہ ذلت ورسوائی کے ساتھ اوندھے منہ جہنم میں پھینک دیئے گئے۔ معلوم ہوتا ہے کہ "عمل صالح" میں اللہ تعالیٰ اپنے ساتھ کسی دوسرے کی شرکت کو کسی قیمت پر بھی گوارا نہیں کرتے۔ "شہرت کے حصول کی نیت" یا" اپنی تعریف و توصیف کی امیدیں" ایسے خطرناک عوامل ہیں کہ جس عمل میں شامل ہو جائیں اسے نیکی برباد گناہ لازم کا مصداق بنا دیتے ہیں۔

غضب خداوندی اور ناراضگی کی انتہاء ہے کہ حساب وکتاب کی ابتداء ہی ان ریاکاروں سے کی جائے گی اور انہیں جہنم رسید کرنے کے بعد ہی کسی دوسرے مسئلہ کو چھیڑا جائے گا اور ان کا منصب "شہادت"، "علم دین و قرات قرآن" اور "سخاوت" ان کے کسی کام نہ آسکے گا۔

❋ ❋ ❋